蒙台梭利
早教游戏训练⑥
0~5岁儿童数学能力训练

[意] 玛丽亚·蒙台梭利◎著
蒙台梭利丛书编委会◎编译

中国妇女出版社

图书在版编目（CIP）数据

蒙台梭利早教游戏训练.6，0～5岁儿童数学能力训练 / (意) 蒙台梭利著；蒙台梭利丛书编委会编译. -- 北京：中国妇女出版社, 2016.2（2022. 7 重印）

ISBN 978-7-5127-1244-7

Ⅰ.①蒙… Ⅱ.①蒙… ②蒙… Ⅲ.①数学课—学前教育—教学参考资料 Ⅳ.①G613

中国版本图书馆CIP数据核字(2015)第301023号

蒙台梭利早教游戏训练6 **0～5岁儿童数学能力训练**

作　　者：〔意〕玛丽亚·蒙台梭利　著　蒙台梭利丛书编委会　编译
插图作者：眯宝儿卡通
选题策划：姜　喆
责任编辑：陈　元
封面设计：尚世视觉
责任印制：王卫东
出版发行：中国妇女出版社
地　　址：北京市东城区史家胡同甲24号　邮政编码：100010
电　　话：(010) 65133160（发行部）　65133161（邮购）
网　　址：www.womenbooks.cn
法律顾问：北京市道可特律师事务所
经　　销：各地新华书店
印　　刷：三河市祥达印刷包装有限公司
开　　本：185×210　1/24
印　　张：4
字　　数：100千字
版　　次：2016年2月第1版
印　　次：2022年7月第15次
书　　号：ISBN 978-7-5127-1244-7
定　　价：19.80元

前言

玛丽亚·蒙台梭利（1870~1952），意大利第一位女医学博士，20 世纪享誉世界的杰出幼儿教育家。她在实验、观察和研究的基础上，创办了给世界教育进程带来深刻变革的蒙氏幼儿早期教育法，对欧美国家的教育和社会发展产生了深远的影响。

蒙台梭利认为，儿童都是渴望游戏的，因为游戏是他们认识世界的途径。如果儿童的全部精神力量都专注于功课，他们的生活就会变得枯燥乏味。儿童应该学习知识，但首先应该有着多方面的兴趣、要求和愿望。

儿童有一种与生俱来的“内在生命力”，而教育只是为了促进儿童“内在潜能”的发挥。因此，成人不能压制儿童的发展，更不能干涉他们的自由行动，而要因势利导，顺应儿童的天性，让其在游戏中成长。

为了让孩子更好地发挥潜能，我们策划出版了这套“蒙台梭利早教游戏训练”系列丛书。本套书中所有的游戏训练都源自蒙氏原著，结合当下儿童成长的环境和实际需要进行了适当的调整，可以说是为中国儿童量身打造的蒙氏早教游戏训练。另外，本套书基本不需要辅助额外的材料，就可以让父母与孩子轻松体验蒙氏教育的奇妙。

数学能力训练是蒙氏教育的重要组成部分。《0~5 岁儿童数学能力训练》

通过生动、有趣的早教游戏，分别从几何、分类、比较、数数和计算 5 个方面阐述了蒙台梭利的教育精髓。

另外，对于本书的使用，有如下几点提请父母注意：

- 本书将游戏的难度按照孩子的一般发育情况进行了标注，如 3 星代表 3 岁。但 0~5 岁的孩子个体差异较大，相同年龄段的孩子可能会有不同的表现。一般情况下，家长不用为孩子不能很好地完成某个训练而过分担心。

- 不要让孩子一个人完成这些训练，父母可以根据每个训练下面的“蒙氏智语”“蒙氏方略”或“游戏延伸”以及自己孩子的发育情况进行拓展。

- 本书的训练目的在于锻炼孩子的数学能力，能够为孩子今后的数学学习和智力发展打下夯实的基础。推荐您参考其余 5 本相关图书（内容涉及感觉、语言、智力、性格、生活能力），让它们互为补充，可以更有效地提高孩子的综合能力，促进孩子全面发展。

蒙台梭利丛书编委会

2015 年 12 月

目录

Part 1 几何——让孩子在形状中感受数学

Part2 分一分——让孩子通过分类感知数学

Part3 比一比——让孩子通过比较认识数学

Part4 数一数——让孩子通过数字了解数学

Part5 算一算——让孩子在运算中学习数学

Part 1

几何——让孩子在形状中感受数学

有趣的棋盘

难度 ★☆☆☆☆

游戏方法：在孩子的眼前展示这幅图，让孩子对方形图案有初步的感知。

蒙氏方略

激发孩子的视觉敏锐度和观察力。

靶心

难度 ★☆☆☆☆

游戏方法：在孩子的眼前展示这幅图，让孩子对圆形图案有初步的感知。

蒙氏智语

对比强烈、轮廓鲜明的图案能为孩子提供丰富的视觉刺激，增强其视觉反应能力。

有趣的圆点儿

难度 ★☆☆☆☆

游戏方法：在孩子的眼前展示这幅图，让孩子对圆点儿图案有初步的感知。

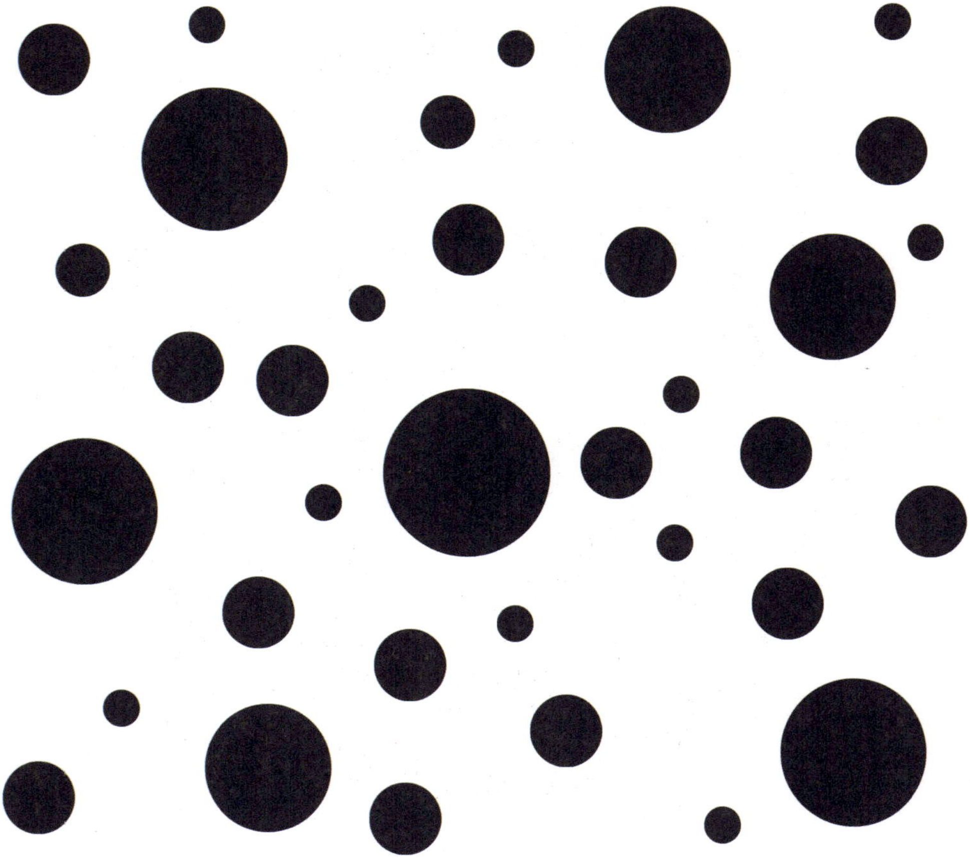

蒙氏方略

让孩子多看看具有动感的黑白图形，可以激发大脑的创造性活动。

图形连线

难度 ★☆☆☆☆

游戏方法：请将图形与对应的标签连线。

蒙氏智语

通过视觉练习，使孩子感知形状、面积、体积等概念。

有趣的神秘袋

难度 ★★★☆☆

游戏方法：神秘袋里的东西和袋子外面的东西是一样的，说出袋子外面东西的名称，并与相应的标签相连。

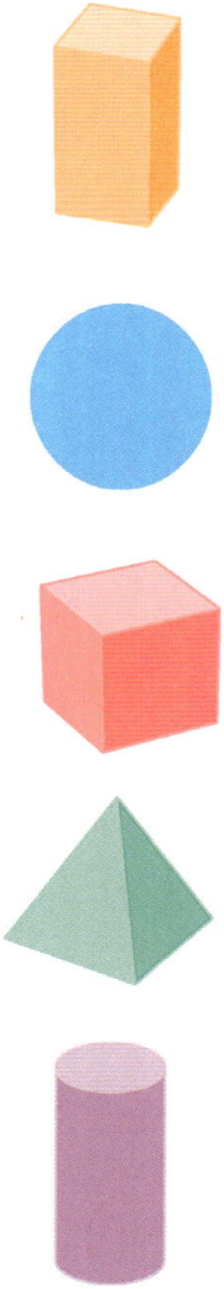

球体

三棱锥

圆柱体

长方体

正方体

蒙氏方略

对不同的立体模型有初步的认识。

盖房子游戏

游戏方法：仔细观察下面的房子用到了哪些形状，用笔圈起来。

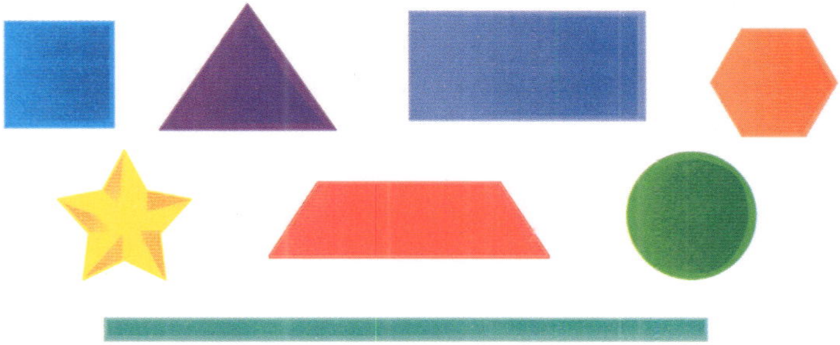

蒙氏智语

这种在平面几何中获得的图形认识，可以帮助孩子真实地了解外部世界的秘密。

哪个是对称的

难度★★★★☆

游戏方法：观察这些物品哪些是对称的，用笔圈起来。

蒙氏方略

提升孩子的观察能力，并对对称图形有一定认识。

照镜子游戏

难度 ★★★☆☆

游戏方法：一个小女孩正在照镜子，请你从这些图中找出正确的镜子中的形象，用笔圈起来。

示例

游戏延伸

可以利用颜色对称来练习。让孩子用彩笔在纸上画 6 个方框，并在方框里分别涂上黄红绿、绿红黄，观察后将对称的颜色连线。

奇怪的立体模型

难度★★★★☆

游戏方法：请将这些立体模型与对应的标签连线。

球体　　棱锥　　圆锥　　棱柱　　圆柱

蒙氏方略

锻炼孩子的立体感知能力。

橡皮泥变魔术

难度 ★★★☆☆

游戏方法：请将左侧的橡皮泥模型与右侧的物品进行对比，并将形状相同的立体模型连起来。

游戏延伸

孩子可以用橡皮泥捏出这些立体模型，通过触觉和视觉的结合，加深对形状的认识。

找出正确的图形

难度★★★☆☆

游戏方法：找出圆形内有三角形、三角形内有正方形的图，用笔圈起来。

蒙氏方略

提升孩子的观察能力，进一步巩固对图形的认识。

几个棱柱

难度★★★★☆

游戏方法：这些图中分别有多少个棱柱，分别写在每幅图的旁边。

游戏延伸

可以通过立体模型是否能够滚动来进行判断，比如球体能够随意滚动，圆柱能够朝某一个方向滚动，圆锥只能绕着它的顶部旋转，棱柱和棱锥不能滚动。

有趣的实验

难度 ★★★★☆

游戏方法：5个烧杯的水原来一样多，放入石头后，水面发生了如下变化，请将放入的石头与对应的烧杯连线。

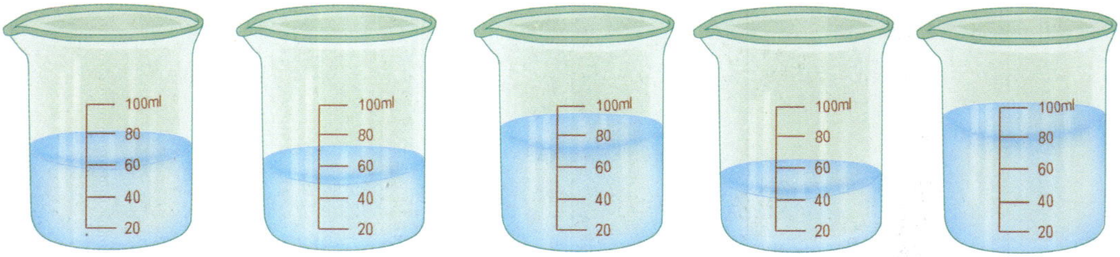

蒙氏方略

加深对容积概念的理解。

旋转的立方体

难度★★★★★

游戏方法：想一想，这个立方体的展开图是哪个，用笔圈起来。

游戏延伸

这个立方体的各个面可以换成不同的图案，比如数字、形状、线条、颜色等，根据孩子的年龄，适当调整难度。

完整的三角形

难度

游戏方法：这个三角形是由5部分组成的，以下6部分哪个是多余的，用笔圈起来。

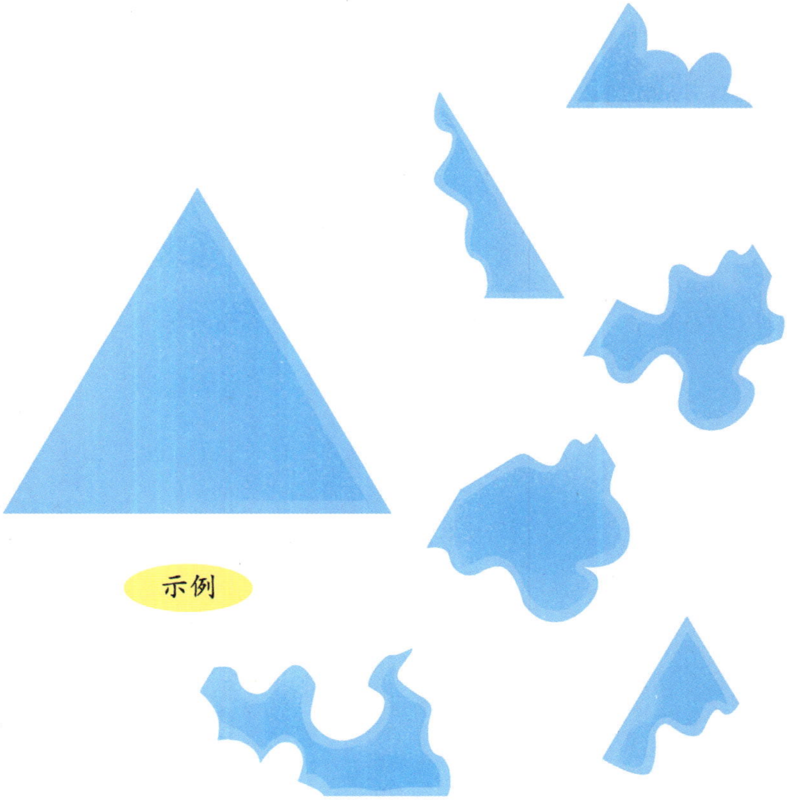

蒙氏方略

培养孩子的空间知觉能力和图形组合能力。

补充正确图案

难度★★★★★

游戏方法：仔细观察图形变化规律，在空白处用彩笔涂上正确的图案。

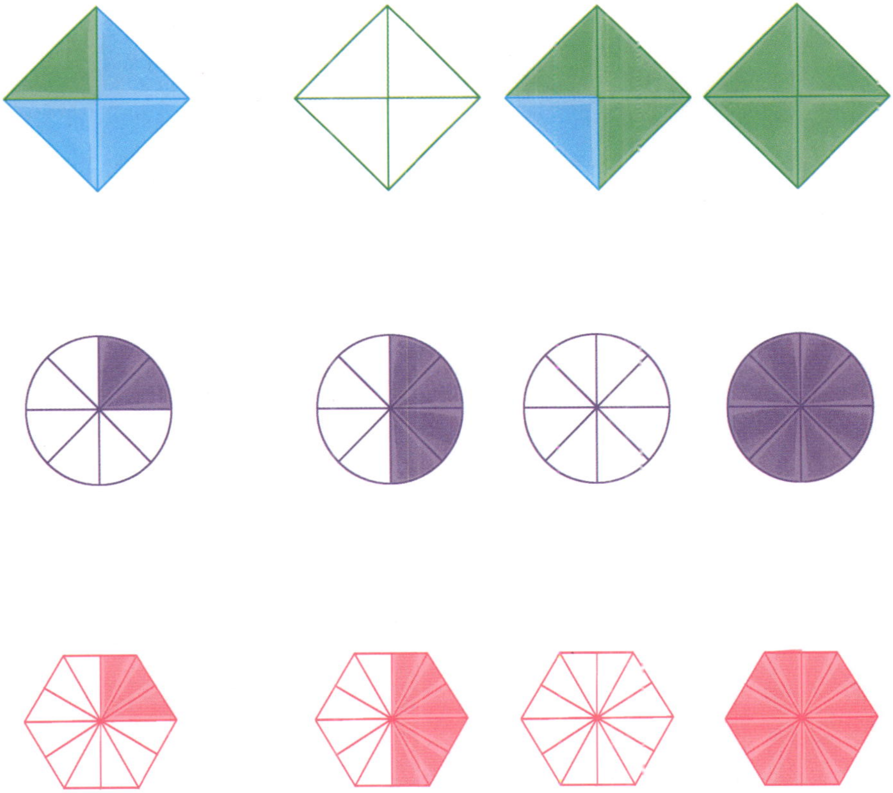

蒙氏智语

图形推理能力以认图能力、空间想象能力为基础，需要经过后天适时的科学训练，才能获得理想的图形推理能力。

图形游戏

难度★★★☆☆

游戏方法：请父母将第 19 页的图形分别用剪刀剪成对称的两部分，然后让孩子将它们组成完整的图形，并贴在第 18 页的空白处。

蒙氏方略

对对称概念有更加直观的认识。

Part2

分一分——让孩子通过分类感知数学

◇ 多彩的形状

难度 ★★☆☆☆

游戏方法：将相同的形状用线连起来，并涂上相同的颜色，让这些形状变得多彩起来。

蒙氏智语

智力的重要特征之一就是能对不同的事物进行区分。从生活的角度来看，区分就是为创造做好准备，而创造需要有秩序地进行。

找袜子

难度 ★★☆☆☆

游戏方法：请将袜子配对，然后用线将它们连起来。

蒙氏智语

这种分类的工作对于秩序感的建立具有非常重要的意义。

给小狗找家

难度 ★★½☆☆

游戏方法：可爱的小狗找不到自己的家了，你快来帮帮它们吧！将小狗与它的家连线。

蒙氏智语

让孩子区分事物的不同特征，为学习复杂的概念做好准备。

装水果

难度 ★★☆☆☆

游戏方法：将苹果、樱桃、草莓、香蕉、杧果、奇异果分别与对应颜色的筐连线，并点数筐里各有几种水果。

蒙氏智语

孩子在获得区分事物的能力之后，就奠定了智力发展的基础。

摆跳棋游戏

难度 ★★★☆☆

游戏方法：数数下面跳棋共有几种颜色，并将跳棋与相同颜色的盒子用线连接起来。

游戏延伸

游戏中，可以使用其他常见的物品进行分类训练，并形成对数字的初步认识。

相同的花朵

难度 ★★★☆☆

游戏方法：将相同颜色、相同种类的花朵连起来，并说出共有几种花朵。

蒙氏智语

这类感官材料会促使儿童区分事物，进行选择和推理，不断完善自我。

找出不属于一类的物品

难度 ★★★☆☆

游戏方法：下面这些交通工具不属于同一类的是哪个，用笔圈起来。

游戏延伸

这类游戏可以扩展到很多物品的分类，根据孩子的年龄，适当增加游戏难度，以便孩子加深对“分类”的理解。

找影子

难度

游戏方法：请把下图中的小动物与它们各自的影子配对并连线。

蒙氏智语

根据头脑中已经建立的牢固秩序，对外界环境中的事物进行区分，这是智力的表现，同时也是对精神的一种陶冶。

美丽的雨伞

难度★★★★☆

游戏方法：观察下面的伞，它们共有几种颜色？带图案的伞有几种？伞面有几种形状？伞柄有几种类型？

蒙氏智语

儿童会对不同特征的差异程度进行区分，按照一定的顺序排列一系列相关的物品。

找出数量相同的物品

游戏方法：观察一下右侧物品，与左侧积木总数一致的是哪种物品，用笔圈起来。

蒙氏智语

儿童只有获得清晰的印象，并对各种印象进行区分，才能发展自己的智力。

为木板找“家”

难度 ★★★★★

游戏方法：下面的盒子按照由轻到重的顺序分别编号为 1、2、3、4、5，请你将上面的每组木板（每块木板的重量相同）按照重量排序，并与对应的盒子连线。

蒙氏智语

孩子在学习算术的过程中，积累了大量的经验，获得了教育的成果，这种发展与成长是一个人第一次与世界进行智力对话的自然结果。

不会游泳的动物

难度 ★★★★☆

游戏方法：下面这些可爱的动物中，哪些不会游泳呢？

蒙氏方略

通过对动物种类的区分，巩固和深化对动物特征的认识。

Part3

比一比——让孩子通过比较认识数学

大碗小碗比比看

难度 ★★★☆☆

游戏方法：请将下面的碗进行比较，并将最小的碗与数字 1 连线，以此类推。

1 2 3 4 5 6

蒙氏智语

比较可以提高孩子观察、辨别事物的能力。

小朋友来排队

难度 ★★★☆☆

游戏方法：请将这些小朋友按照从高到低的顺序排列，在他们对应的标示牌里填写正确的数字。比如，在最高的小朋友下的标示牌里填写数字1，以此类推。

蒙氏方略

理解高与低的概念，学习比较。

最长和最短的鱼

难度 ★★☆☆☆

游戏方法：比比看这些鱼哪条最长，哪条最短，并与对应的标示牌连线。

蒙氏智语

孩子的意识是在对物体的观察、比较、分析和评价中形成的。

哪幅图中的玩具最多

难度 ★★☆☆☆

游戏方法：哪幅图中的玩具最多，用笔圈起来。

蒙氏方略

通过点数和比较，理解什么是“最多”。

一样多的动物

难度 ★★★☆☆

游戏方法：哪两幅图中的动物一样多？

蒙氏智语

通过对事物异同点的对照建立比较的概念，为抽象思维的发展奠定基础。

哪些动物的腿一样多

难度 ★★★☆☆

游戏方法：下面哪些动物的腿一样多，将它们用线连起来。

蒙氏方略

通过观察和点数，对各种动物有进一步的认识。

重量排序

难度★★★★☆

游戏方法：请将这些动物按照从重到轻的顺序排列，在它们对应的标示牌里填写正确的数字。比如，在最重的动物旁边的标示牌里填写数字1，以此类推。

游戏延伸

在日常生活中，孩子身边的许多事物都能成为比较的对象，父母可以从不同角度锻炼孩子的比较能力。

美味蛋糕排序

难度 ★★★☆☆

游戏方法：数一数这些蛋糕分别有几层，然后找出最厚的蛋糕和最薄的蛋糕，分别与对应的标示牌连线。

最厚

最薄

蒙氏智语

孩子“提炼”了自己的体验和感受，他们对事物的观察和理解是清晰的、彻底的，孩子自己改善和提升了自己。

比一比重量

难度 ★★★★☆

游戏方法：比较下面每组物品的重量，并将提示牌上的要求与对应的物品连线。

重

轻

重

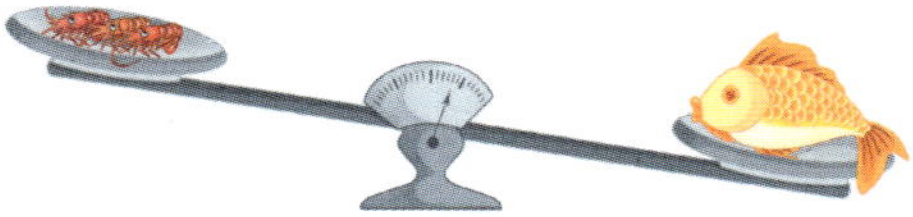

轻

游戏延伸

使用的物品不局限于以上这些，父母可以借助生活中的物品随时进行重量比较。

哪个温度最高

难度 ★★★★☆

游戏方法：比比看下面哪支温度计显示的温度最高，用笔圈起来。

蒙氏智语

孩子通过仔细观察，并对事物进行比较、分析，从而形成自己的判断、决定和认识。

小朋友喝果汁

难度 ★★★★☆

游戏方法：说一说哪个杯子里剩下的果汁最多，用笔圈起来。

游戏延伸

这道题有一定难度，父母可以通过做实验的方法与孩子一起找到答案。

花朵的生长顺序

难度 ★★★★☆

游戏方法：请按照事情发展的顺序在相应的圆圈里填写序号。

蒙氏方略

培养孩子的观察、推理能力，理解时间的概念。

四季排序

难度 ★★★★☆

游戏方法：请说出这些图代表的季节，并按照春、夏、秋、冬的顺序在对应的圈里分别写上 1 ～ 4。

游戏延伸

可以让孩子看自己不同时期的照片，并让他按照时间顺序排列。

帮小熊找妈妈

难度 ★★★★☆

游戏方法：小熊要想找到妈妈，需要按照 1～10 的顺序走，快来帮帮它，为它标出正确的行走路线。

蒙氏智语

孩子对数字的顺序形成清晰的概念之后，也就在一定意义上为成长提供了秩序和规律。

小羊为什么跑

难度★★★★★

游戏方法：仔细观察一下，小羊为什么跑呢？只要你按照数字的顺序连线就能找到答案！

游戏延伸

根据孩子的年龄与认知能力的不同，适当增加题目的难度，以便让孩子更好地学习计数等技能。

珠子大串联

难度★★★★★

游戏方法：仔细观察一下，下图中空白的两颗珠子应该是什么样子的，用相应的颜色画出来。

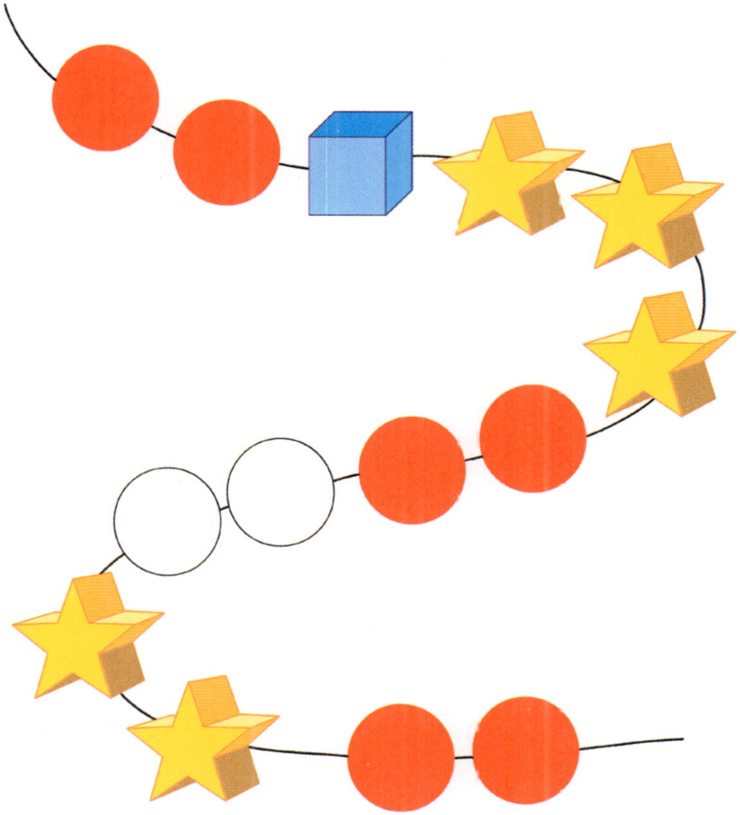

蒙氏方略

让孩子通过细心观察，找到事物排列的规律，进一步提高孩子的推理能力。

Part4

数一数——让孩子通过数字了解数学

1 给数字涂色

难度 ★★☆☆☆

游戏方法：认识这些数字，并给数字涂上不同的颜色。

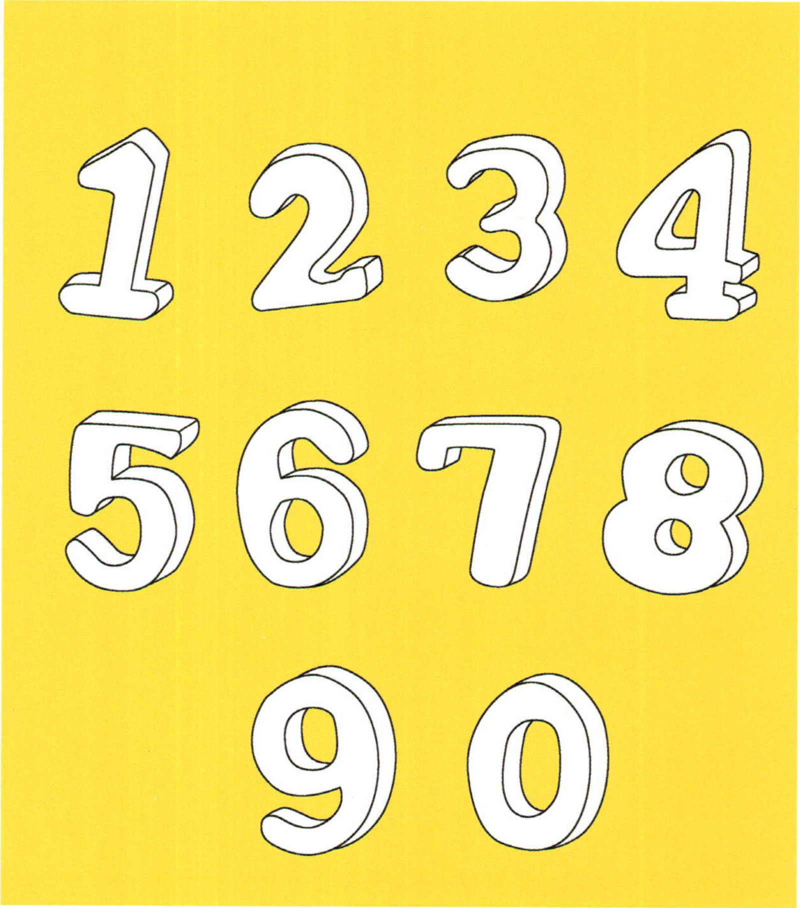

蒙氏智语

早教最基本的任务就是为孩子学习写、读和计数做准备，这是培养孩子学习能力的第一步。

彩色计数木棒

难度★★★☆☆

游戏方法：将彩色计数木棒与对应的数字连线。

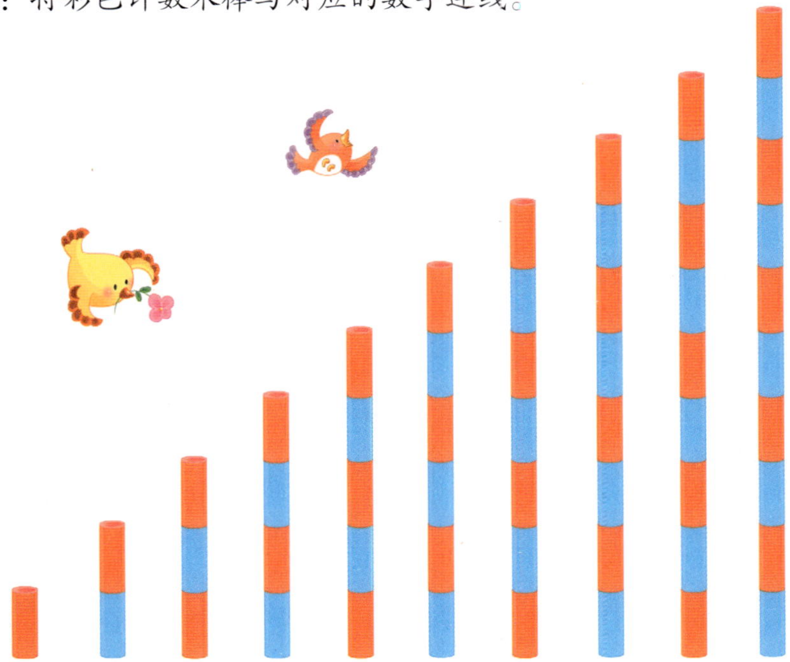

7　5　2　9　10　3　1　4　6　8

蒙氏智语

当向孩子进行实际数学的教学时，木棒的具体概念转变成数字的抽象概念，这个转变是一个质的飞跃。

1 有趣的计数盒

难度 ★★★☆☆

游戏方法：分别数一数左侧柜子里的物品各有多少，并与对应的数字连线。

蒙氏方略

建立数字与物品一一对应的关系，进一步理解数字。

数一数

难度 ★★★☆☆

游戏方法：下面哪幅图中的物品数量和伸出的手指数量相同，用笔圈起来。

蒙氏方略

熟悉不同手势与数字的对应关系，并学会手口一致地点数，加深对数字与物品对应关系的认识。

可爱的小鱼

难度 ★★★☆☆

游戏方法：下面哪幅图中小鱼身上的条纹数量和左侧的积木数量相同，用笔圈起来。

蒙氏智语

孩子通过实际生活和具体情景中的计数训练，对数的含义和计数的原则有了一定的了解。

积木游戏

难度 ★★★☆☆

游戏方法：数数每组积木的数量，并与对应的数字卡片用线连接起来。

蒙氏方略

通过多种变化的形式，加深对数字与物品对应关系的认识。

钓鱼比赛

难度★★★☆☆

游戏方法：小猫、小熊、鲨鱼在河边钓鱼，它们各自钓了几条鱼，用笔写在对应的一组鱼旁边。

游戏延伸

每次练习数数，可以更换不同的物品，这样既能提高孩子数数的兴趣，还能让孩子理解一个数字可以用很多种物品替代。

骨头没有了

难度 ★★★★☆

游戏方法：数数这些图中的骨头各是几根，把数字写在相应的图上。

蒙氏方略

让孩子理解 0 的意义。

数糖果游戏

难度 ★★★★★

游戏方法：仔细观察下面的糖果和对应的数字，它们哪些是奇数，哪些是偶数，把数字写在相应的标签下。

奇数　　　　偶数

蒙氏方略

让孩子了解奇数和偶数的概念，通过观察这些糖果排列的规律发现：成对的是偶数，单独的是奇数。

彩色数字卡片

难度★★★★☆

游戏方法：根据右边数字的数位与左边对应的卡片连线。

9

18

35

456

718

89

5

1008

蒙氏智语

数学能力是人最重要的基础能力之一。孩子对数位的认识，能够为进一步学习数学打下一定的基础。

小兔子回家

难度★★★★☆

游戏方法：小兔子要回到自己的家，需要按照数字的顺序走，请你快来帮帮它，为它标出正确的行走路线。

蒙氏智语

孩子在学习计算之前，要拥有必要的本能知识，要对数的顺序等有清楚的认识。

买水果

难度★★★★★

游戏方法：小猫到水果店买水果，如果它要买柠檬、火龙果和菠萝各 1 个，一共要花多少钱。

蒙氏方略

训练孩子的计算能力。

猩猩吃香蕉

难度 ★★★★☆

游戏方法：猩猩要想吃到香蕉，需要按照数字的顺序走，请你快来帮帮它，为它标出正确的行走路线。

蒙氏方略

让孩子加深对数字的认识并了解数字的排列顺序。

火柴游戏

难度★★★★★

游戏方法：数一数左侧的图形各有几条边，并与右侧相同数量的火柴组连线。

蒙氏智语

认识各种形状和数量关系，也是锻炼和提高孩子数学能力的重要内容。

凑10游戏

难度★★★★★

游戏方法：读出这些扑克牌上的数字，然后将两张之和为 10 的扑克牌用线连接起来。

蒙氏方略

学习 10 以内数的组成。

$\frac{1}{4}$ 分数小人儿

难度★★★★★

游戏方法：请将下面的分数小人儿与对应的分数连线。

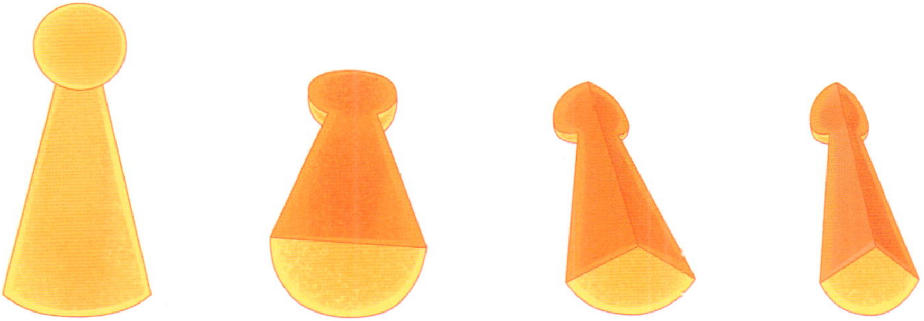

$\frac{1}{4}$　　$\frac{1}{3}$　　$\frac{1}{2}$　　1

蒙氏智语

通过这套有趣的教具，既能让孩子在脑海中逐渐形成分数的概念，又进一步激发了孩子的学习兴趣。

Part5

算一算——让孩子在运算中学习数学

五颜六色的气球

难度★★★☆☆

游戏方法：小明和小丽手里拿着的气球共有多少个，有几种造型，几种颜色？

蒙氏智语

孩子在了解数的运算的基础上，能够更好地认识周围事物的数量关系，进而为逻辑思维能力的发展奠定基础。

木棒大集合

难度 ★★★★☆

游戏方法：数数这些木棒的数量，并完成加法计算，将答案写在对应的横线上。

9 + 1 = ______

8 + 2 = ______

7 + 3 = ______

6 + 4 = ______

5 + 5 = ______

蒙氏方略

初学 10 以内的加法。

分水果

难度 ★★★★☆

游戏方法：观察一下，要想让右侧的水果数量与左侧相同，圆圈里应该分别放几个？请在圆圈里涂上颜色。

蒙氏方略

初学 10 以内的减法。

木棒大撤退

难度★★★★☆

游戏方法：数数这些木棒的数量，并完成减法计算，将答案写在对应的横线上。

10 － 5 ＝ ____

10 － 4 ＝ ____

10 － 3 ＝ ____

10 － 2 ＝ ____

10 － 1 ＝ ____

游戏延伸

生活中，父母可以就地取材，用玩具、水果等物品来代替木棒，让孩子更加轻松地学习减法。

有趣的等号

难度 ★★★★☆

游戏方法：数数这些物品的数量，并将答案写在对应的方框内。

蒙氏方略

初步理解等号的含义。

看图列等式

难度★★★★☆

游戏方法：根据提示，数数题目中的蓝色、红色各是多少块，然后完成相应的题目。

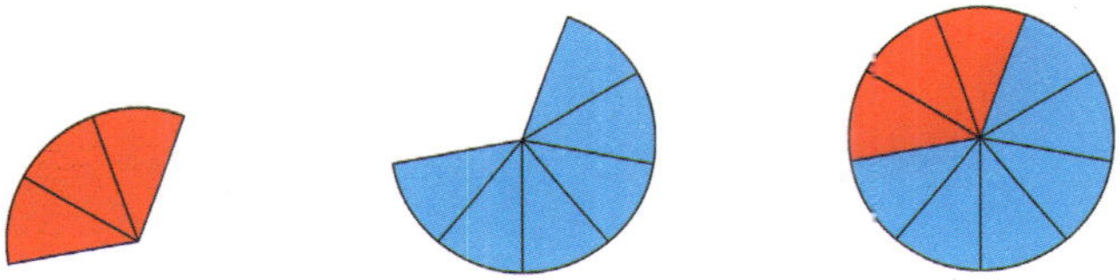

3+6= 9

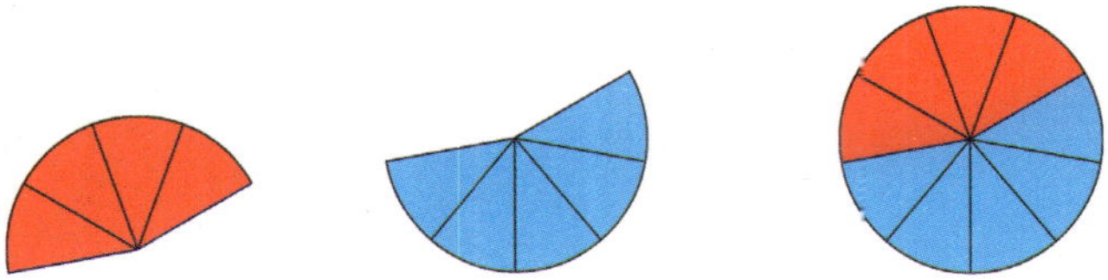

___+___= 9

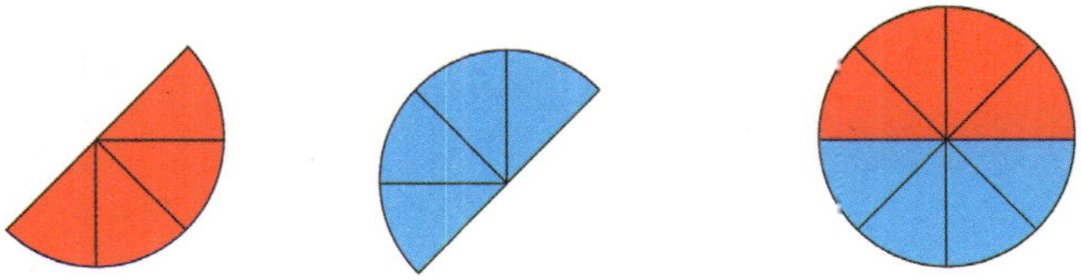

___+___= 8

游戏延伸

在生活中，父母还可以用正方形、菱形等来玩这个游戏。

树上有几只小猴子

难度 ★★★★☆

游戏方法：请你仔细数一数树上有几只小猴子。

蒙氏智语

孩子通过玩耍的“工作”来练习自己的智力推理，通过确定自身的行为来强化意志力。

算一算

难度★★★★★

游戏方法：在每幅图的右侧涂上适当数量的圆圈，并在方框内填上正确的数字。

6 + □ =10

4 + □ =10

5 + □ =10

3 + □ =10

蒙氏智语

从具体到抽象是孩子运算能力发展的规律。在不同类型的游戏中，孩子的观察能力和计算能力都能得以提高。

加法迷宫

难度 ★★★★☆

游戏方法：小强要回到家，必须沿着计算对了的那条路线行走，你能帮助他找到回家的路线吗？

蒙氏方略

锻炼孩子的分析能力和加法计算能力。

还剩几个考拉玩具

难度★★★★☆

游戏方法：下面的收纳箱里只能装下8个考拉玩具，还有几个考拉玩具装不进去？

游戏延伸

在游戏时，父母可以采用水果与果盘、小球与玩具箱、彩笔与笔盒等多种形式训练孩子的减法计算能力。

胡萝卜计算题

难度 ★★★★☆

游戏方法：仔细观察，两只小兔子的篮子里共有多少根完整的胡萝卜？

蒙氏方略

锻炼孩子的观察能力和加法计算能力。

美丽的夜空

难度 ★★★★★

游戏方法：如果想使上下两幅图中的星星一样多，下图中需要再添加几颗星星呢？将左下图与右侧正确数量的星星组连线。

游戏延伸

只要是孩子感兴趣的事物，父母都可以拿来做类似的游戏，让孩子在快乐中巩固减法计算。

附录　图形插片工具

父母可以将下面的图形剪下来，和孩子一起认识不同的几何图形哦！

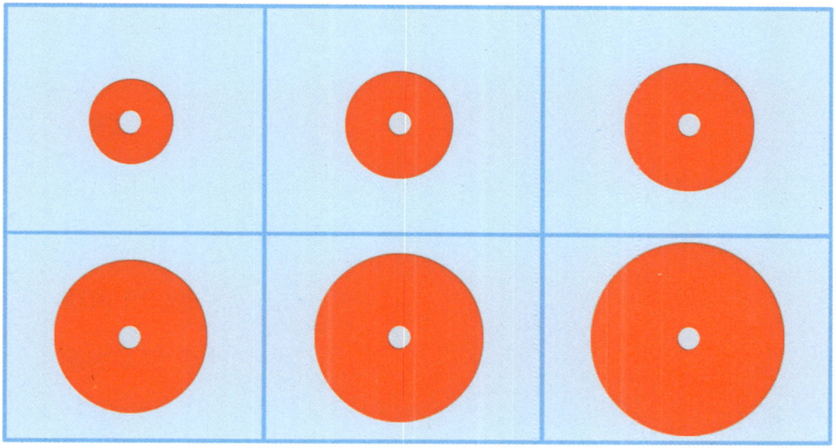

圆形插片工具

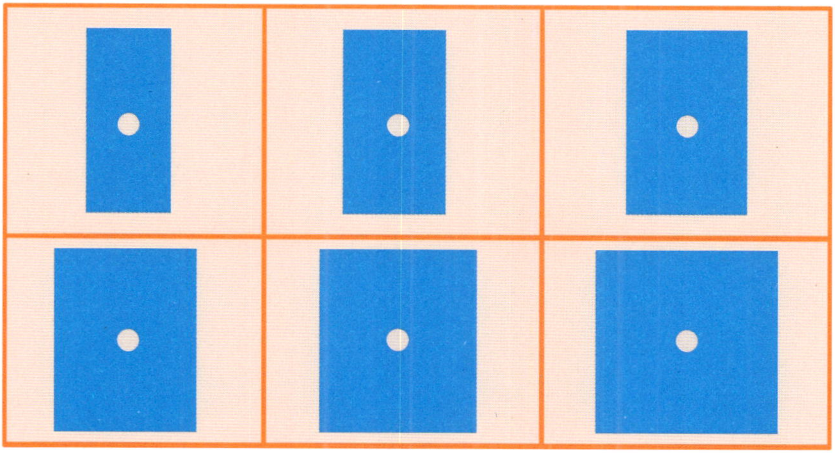

矩形插片工具